LA PERFECTION

DES INSTRUMENS

DE MER.

QUI donnera lieu aux Pilotes, de prendre les Hauteurs jusqu'à la précision d'une Minute.

De diriger exactement leurs Navires;

D'observer avec exactitude la Variation de la Boussole;

D'apercevoir les Courants;

D'observer les Eclipses des Satellites de Jupiter, pour conoître la Longitude.

Avec un nouveau Systême pour expliquer le Flus & le Reflus de la Mer.

Par M. l'Abbé De Haute-Feuille.

M. DCCXV.

LA PERFECTION
DES INSTRUMENS
DE MER.

PEU de gens ignorent qu'il eſt d'une trés-grande importance aux Pilotes de connoître les Longitudes. Les Nouvelles publiques de France & des païs étrangers, ont ſi ſouvent parlé, depuis cinq ou ſix mois, de la récompenſe de vingt mille livres Sterlin, promiſe par le Parlement d'Angleterre & établie par un Acte particulier, que tout le monde en eſt inſtruit. Il y a long-tems que les Rois de France & d'Eſpagne ont promis cent mil Ecus, & les Etats Generaux d'Hollande cent mil Florins, pour celuy qui trouveroit le moyen de connoître ſur mer les Longitudes.

Je ſuis perſuadé que jamais ces Souverains ne payeront cette récompenſe & que jamais aucun Mathematicien, Pilote ou Curieux de quelque nation & quelque ſçavant qu'il ſoit ne la touchera : la raiſon en eſt evidente. Toutes les Découvertes, toutes les Inventions & tous les Arts n'ont point été trouvez dans leur perfection, ils ont été dans leur commencement rudes, groſſiers & imparfaits, ce n'a été que par une longue ſuite d'années & de ſiecles, qu'ils ſont parvenus dans l'état où nous les voyons. Il s'eſt paſſé quatre cens ans, entre la Découverte des Lunetes à mettre ſur le Nez & l'Invention des Lunetes d'aproche, ce qui a fait dire à l'Illuſtre Mr. de Fontenelle dans ſon Hiſtoire de l'Academie des Sciences 1709. que les choſes vont lentement parmi nous. Seneque a dit il y a long-tems. *Omne principium rude & imperfectum, ſed per additamenta Artis, tractu temporis res perficiuntur.*

Il en ſera de même quelque jour de la connoiſſance des Longitudes, quel qu'un en publiera un moyen ſi groſſier & ſi imparfait, qu'il ne meritera point la récompenſe promiſe ; un autre, pluſieurs années après, y ajoûtera quelque choſe, qui ne la meritera pas non plus, un troiſiéme y fera quelque legere addition, & il en viendra un enfin qui la mettra dans ſon entiere perfection ; mais il n'obtiendra point les ſommes promiſes, parce qu'il ne ſera que le Perfectionateur des moyens précedens.

Supoſé que quelqu'un par le plus grand hazard du monde. trouve le moyen de connoître ſur mer les Longitudes dans la perfection requiſe, n'y aura-t-il

A

pas des Cenſeurs & des Critiques qui y feront paroître des fautes & des inconveniens, cela ſeul ſuffira pour arrêter la récompenſe & pour en ſuſpendre
le payement. Ne voit on pas tous les jours de ces mauvais Critiques qui cen-
ſurent les meilleures choſes par un principe de haïne, d'envie & de jalouſie.

Ne pourra-t-il pas ariver que les Pilotes par fantaiſie, par entêtement ou
par malice, ne voudront pas ſe ſervir de ce moyen quelque parfait qu'il ſoit.
N'a-t-on pas vû dans le ſiecle paſſé, les Muſiciens mépriſer & rejeter la ſeptié-
me Note, appellée, Si, pendant la vie de celui qui en eſt l'Inventeur. Fure-
tiere en parle en ces termes dans ſon Dictionnaire. La jalouſie des hommes
"eſt ſi grande, que trente ans durant, le Maire a prêché aux Muſiciens de ſe
"ſervir de ſa methode, perſonne ne l'a voulu faire, auſſi-tôt qu'il a été mort,
"ils l'ont tous ſuivie,

Supoſons que cét Inventeur ſoit aſſez heureux pour ſe ſouſtraire à l'envie &
à la jalouſie de ſes contemporains, il ne pourra avec raiſon demander la récompenſe promiſe, avant que d'avoir déclaré ſon moyen & qu'aprés pluſieurs experiences dans des voyages de long cours. Lors qu'un homme a divulgué ſon
ſecret, on n'a plus beſoin de lui, & on le neglige ordinairement.

Il faudra un tems conſiderable pour faire connoître cette Invention. On
ne s'aperçoit aſſez ſouvent de la beauté des choſes, que long-tems aprés qu'elles ont été publiées, & quelquefois un ſiecle entier n'en voit pas l'établiſſement. Si
l'Inventeur decede pendant ce tems-là, les Souverains ſeront quittes de la récompenſe; car il n'eſt point dit qu'elle ſera donnée à ſes hoirs ou ayant cauſe. S'il ne
meurt point, auquel s'adreſſera t-il le premier? Ne pourront-ils pas avoir des
guerres à ſoûtenir ou des entrepriſes à faire pour la manutention de leur Etat,
qui les obligeront d'en ſuſpendre le payement & il ſera differé ſi long-tems,
qu'enfin l'Inventeur viendra à mourir; alors ces Souveraines Puiſſances en ſeront quittes pour jamais, & tous les Pilotes ſe erviront de ce moyen, ſans penſer ſeulement à celui, auquel ils en ſeront redevables. Peut-être même que
ſon Nom ne parviendra point à la poſterité; de pareils exemples ſont fort communs: nous nous ſervons tous les jours de choſes trés-belles & trés-utiles, ſans
penſer aux Inventeurs & nous ignorons leurs Noms, auſſi bien que le tems
auquel elles ont été inventées; ce qui prouve que, ſi la jalouſie des hommes
eſt grande, leur ingratitude l'eſt encore davantage. Peut-on s'étonner aprés
cela que les Arts & les Sciences ſe perfectionnent ſi lentement & qu'il y ait
ſi peu d'Inventeurs.

Ces Souverains auront même une juſte & ſolide raiſon de refuſer la récompenſe promiſe. Il eſt établi par les Loix, qu'un achat, qu'un contract, où il ſe
trouve une lézion énorme & d'outre-moitié, ſont déclarez nuls. Quelque in-
genieuſe & bien imaginée que puiſſe être l'Invention qui donnera ſur mer la
connoiſſance des Longitudes, peut on croire qu'elle vaudra prés d'un Million

ny même cent mil Francs. Plus elle fera fimple, moins on l'eftimera, & plus la lézion énorme & d'outre-moitié paroîtra, par confequent point de récompenfe.

Je n'ai jamais aprouvé ces riches promeffes, où l'ambition, la vanité & la perfuafion que ce Secret des Longitudes ne feroit jamais trouvé a eu plus de part, qu'un defir fincere de perfectioner la Navigation. Le Czar, grand Duc de Mofcovie, fi on en croit les Nouvelles publiques, a promis trente mil Roëbels pour celui qui trouveroit le mouvement perpetuel mécanique, dont l'impoffibilité a été demontrée par plufieurs Sçavans Mathematiciens, il auroit été plus raifonable que ce Souverain eût attribué une fomme médiocre à celui qui trouveroit le mouvement perpetuel Phyfique, que tous les Philofophes croient poffible; j'ay dit dans mon écrit de la Machine Arpentante imprimé en 1712. que je l'ay trouvé, & qu'il eft fondé fur les proprietez de l'Aiman. Nous voyons tous les jours dans l'ufage du monde que les hableurs, les fourbes & les trompeurs, promettent beaucoup & ne tiennent rien, que les honnêtes gens promettent peu, rarement & font rigides obfervateurs de leur parole.

Le Parlement d'Angleterre auroit bien mieux fait, à mon avis, de divifer ces vingt milles livres Sterlin en fix, huit ou dix parties, afin de les diftribuer à ceux qui trouveroient des moyens de connoître fur mer les Longitudes, un peu plus parfaits que ceux qui font en ufage. Les Sçavans & les Curieux fe feroient éforcez d'y travailler, quelqu'un en auroit propofé une idée paffable, le fecond y auroit ajoûté quelque chofe de plus parfait, un troifiéme & un quatriéme l'auroit porté à fa perfection, & en peu d'années les Pilotes auroient eu une parfaite connoiffance des Longitudes, au lieu que ces riches promeffes ne font que décourager les habiles gens, les empêchent de publier leurs penfées, qu'ils fçavent être imparfaites & il n'y a que des efprits foibles, des vifionaires & des ignorans qui s'y apliquent, dans la penfée & la perfuafion d'obtenir ces fommes immenfes & dont ils font des emplois imaginaires; il n'eft donc pas furprenant, fi leurs productions font femblables. Les veritables Sçavans ne s'adonnent à cette recherche que par divertiffement, pour exercer leur Genie, pour en effaïer la force & pour avoir la fatisfaction de trouver une chofe inconnuë & utile à tous les hommes.

Ces motifs m'ont engagé il y a plufieurs années, à chercher le moyen de connoître fur mer les Longitudes. J'ai examiné tout ce que les Aftronômes & les Autheurs qui ont traité de la Navigation ont écrit fur cette matiere. Après y avoir fait de profondes réflexions, j'ai reconnu que le plus fimple, le plus facile à mettre en pratique & qui aproche davantage de la précifion, confifte à obferver les Eclipfes des Satellites de Jupiter, parce qu'il y en a plus de 1300. chaque année & prefque toutes les nuits quelqu'un d'Eclipfé, que ce moyen eft pratiqué fur terre avec réuffire & aprouvé de tous les Aftronômes.

Le P. le Comte dans fes nouveaux Memoires fur l'état prefent de la Chine,

4

Lettre 14. adreſſée à Mr. l'Abbé Bignon, en parle en ces termes. " Depuis
"que Monſieur Caſſini a communiqué ſes Tables aux Obſervateurs, on peut
"aiſément & en trés-peu de tems déterminer les Longitudes des principales
"Villes du monde, de ſorte que ſi le mouvement irregulier des Vaiſſeaux nous
"permettoit de nous ſervir ſur mer de Lunetes, la ſcience de la Navigation
"ſeroit aſſez parfaite pour faire avec ſureté les voyages de long cours. Il ajou-
te dans l'avertiſſement de la ſeconde édition, à l'occaſion des obſervations
Celeſtes, qui ſervent à déterminer la Longitude. " Après ce que Monſieur
"Caſſini & Monſieur de la Hire en ont dit, après les remarques du P. Goüie,
"après ce que j'en ai écrit moi-même, je ne ſçai comment on peut juger qu'il
"y ait deux parti à prendre là-deſſus, ce ne ſont point icy des opinions, où
"il ſoit permis de diſputer, ce ſont des démonſtrations dont on convient ſans
"peine dés qu'on les comprend, &c.

Ayant conſideré que la ſeule raiſon qui empêchoit d'obſerver ſur mer les
Eclipſes des Satellites de Jupiter, étoit la difficulté de ſe ſervir dans les Vaiſſeaux de longues Lunetes, je cherchai le moyen de la vaincre. J'imaginai une
Machine fondée ſur le principe dont on ſe ſert, pour y mettre des Pendules,
afin que leur mouvement n'y ſoit point interrompu. Je n'en fus pas content
& j'en trouvai un autre qui me parut beaucoup plus parfaite, parce que deux
ou trois Matelots pourront y être aſſis commodement & y demeurer aſſez fixement, pour obſerver, avec chacun une Lunete de dix, douze ou quinze pieds,
les Immerſions & les Emerſions des Satellites de Jupiter. J'y mets deux ou
trois Matelots, afin qu'ils puiſſent ſe relayer & que ſi l'un manquoit le moment de l'Eclipſe, les deux autres ne le manquaſſent point. Celui qui le premier l'appercevra, criera auſſi-tôt, Eclipſe. Si le Pilote alors, ſçait l'heure juſte
de ce lieu là, il en connoîtra la Longitude.

Je ne doutai point de la réuſſite de cette Machine ; la ſpeculation, un modele & un petit eſſai m'en perſuaderent. Ma plus grande difficulté fût de ſça-
voir ſi les Pilotes, gens pour l'ordinaire fort groſſiers, pouvoient connoître
l'heure juſte. Je ſçavois depuis long-tems, que les inſtrumens dont ils ſe ſervent pour prendre les hauteurs ſont trés défectueux, qu'il leur a été impoſſi-
ble juſqu'à preſent d'en avoir d'une grandeur conſiderable par le défaut des
Pinules, parce que, ſi elles ſont proches l'une de l'autre, l'Inſtrument ne donne aucune préciſion ; ſi elles ſont éloignées, on ne peut diſtinguer l'Ombre
d'avec la Penombre, & par conſequent nulle exactitude. Je n'ignorois pas
que l'Arbalête, qui eſt le plus ancien & le plus en uſage parmi eux, eſt quelquefois ſujet à l'erreur d'un degré ; que les plus habiles Pilotes ne peuvent prendre les hauteurs avec la préciſion de quinze ou vingt minutes. Le P. Fournier
dans ſon Hydrographie dit ces paroles. " Là où je maintiens qu'il n'y a Aſtro-
"nôme au monde, qui jamais ait operé ſur terre à une minute près du vrai,

ni fur mer à dix minutes près. Ce qui étoit vrai en ce tems là où les Lunetes Pinulaires n'étoient pas encore conuës; mais, graces à Dieu & à ces inftrumens, les Obfervateurs, avec un quart de cercle de trois pieds de rayon,
prenent fur terre les hauteurs jufqu'à dix & cinq fecondes; mais ils ne pourroient operer fur mer avec la même précifion, à caufe de l'agitation des Vaif-
feaux, qui ne permet pas l'ufage des Lunetes & du fil perpendiculaire.

Il ne me fut pas difficile d'apercevoir que cette Machine maritime des Eclipfes
feroit abfolument inutile aux Pilotes pour connoître les Longitudes, pendant
qu'ils n'auroient que des inftrumens imparfaits, ce qui m'engagea de médier
de nouveau fur ce fujet & de rapeller dans ma memoire les idées que j'avois
euës autre-fois & les experiences que j'avois faites.

Je me fouvins qu'en 1684. j'avois difpofé l'objectif d'une Lunete de dix pieds,
fuivant la maniere ufitée des Aftronômes, pour recevoir l'image du Soleil,
dans un lieu obfcur, fur un plan où j'avois décrit plufieuts Cercles Concentriques, afin d'obferver l'Eclipfe totale de cét Aftre, & pour en mefurer le nombre
des doigts écliptiques. Je m'amufai les jours fuivans, à examiner le chemin
que faifoit l'image du Soleil fur ce plan, la Ligne qu'elle décrivoit & à mefurer le tems qu'elle employoit à parcourir un certain efpace divifé en pouces
& en lignes, qui me parut affez fenfible dans une minute.

Ces Obfervations me donnerent lieu de penfer qu'en apliquant un Objectif aux Inftrumens de Mer & en le faifant fervir de Pinule, ils auroient prefque autant de précifion que ceux des Aftronômes qui ont une Lunete pinu-
laire, parce que cét Objectif produit le même éfet, avec cette diference,
que l'on ne regarde point au travers d'un tuyau, & que l'image du Soleil fe
voit des deux yeux en même tems.

J'en fis l'experience avec un Aftrolabe de Cuivre de dix ou douze pouces
de Diametre. J'en ôtai l'Alhidade & j'y mis une Regle de bois de trois pieds
deux pouces, qui avoit aux extremitez deux pinules, fur l'une defquelles je
mis un Objectif de trois pieds, & je collai fur l'autre un papier blanc où j'a-
vois décrit deux ou trois Cercles Concentriques & noirci celui du centre. Je faifois foutenir cét Aftrolabe, pendant que je l'expofois au Soleil &
que je hauffois ou baiffois l'Alhidade, jufqu'à ce que l'image fut précifement
au centre de la Pinule opofée. J'apercevois fenfiblement les moindres éle-
vations ou abaiffemens de cét Aftre. L'Alhidade avoit une ouverture vis-à-
vis du limbe & des degrez de cet Aftrolabe où étoit un fil de Ver à foye
qui paffoit fur les divifions. Cét Objectif me donnoit une grande fenfibilité
pour les hauteurs; mais il ne m'en donnoit pas une femblable pour les divifions. Je pris une Loupe & même un Microfcope, mais l'un & l'autre gro-
fiffant en même tems le fil, je n'en pouvois juger qu'à peu près & par com-
paraifon, ainfi je n'avois point une véritable précifion du côté du limbe, à
caufe de la petiteffe de cét Aftrolabe.

Il y avoit fept ou huit ans que j'avois apliqué le Micrometre au Microfco-pe, je penfai qu'il pourroit fervir en cette occafion; j'otai le fil de mon Al-hidade & j'atachai fortement en fa place & vis-à-vis les divifions un petit tuyau de fer blanc, élevé fur deux jambes, dans lequel je fis entrer un Microfcope de quatre ou cinq pouces de long qui grofiffoit huit ou dix fois, ceux qui gro-fiffent 60. 80, ou 100. fois font inutiles en ce rencontre où une trop grande précifion eft fuperfluë. Il y avoit au foyer de ce Microfcope cinq filets de Ver à foye, Paralelles, également efpacez.

Après avoir pris une hauteur du Soleil avec cette Alhidade & fon Objec-tif de trois pieds, je regardois dans mon Microfcope, qui me faifoit paroître un feul trait de la divifion partagé en cinq parties égales, dont celle du mi-lieu étoit la véritable hauteur du Soleil; j'en prenois auffi-tôt une autre & quoi-que ce fut aprochant de midi, j'y trouvois une différence fenfible. Lors que je regardois dans le Microfcope, j'apercevois vifiblement qu'il me donnoit une plus grande précifion que l'Objectif de trois pieds, ce qui m'engagea de faire l'effai de la Lunete racourcie, que je publiai en 16-8. dans mon écrit de la *Pendule perpetuelle*, car quoi qu'elle n'ait pas réuffi dans la pratique, à caufe de la perte des rayons qui fe fait fur les deux Miroirs, je jugeai qu'elle feroit utile en cette occafion, où la perte des rayons eft indifferente & même ne-ceffaire, puifqu'il faut retrecir l'ouverture de l'Objectif, à caufe de la trop grande lumiere du Soleil. J'ôtai donc celui de trois pieds & j'y en mis un au-tre en la place qui en avoit neuf. J'atachai à la Pinule opofée un petit Miroir plan qui réflechiffoit les rayons à côté & proche l'Objectif, où je plaçai un fecond petit Miroir, qui renvoyoit les rayons à côté du premier, où l'image du Soleil paroiffoit diftinctement. J'apercevois qu'elle faifoit autant de chemin que fi ces Pinules avoient été éloignées de neuf pieds; que cét Objectif étoit à peu près proportioné à l'augmentation que le Microfcope produifoit fur les divifions de chaque degré & que de cette maniere j'aurois pris les hauteurs , fi cét Aftrolabe avoit été exactement divifé, dans une précifion auffi grande que j'aurois fait avec un quart de cercle de 8. ou 10. pieds de rayon.

Ceux qui voudront faire une promte & groffiere experience de cette Pi-nule Solaire, n'auront qu'à prendre une Lunete d'aproche d'une longueur ar-bitraire, en ôter le premier tuyau où font les Oculaires, & l'expofer au So-leil, dont ils recevront l'image fur un papier blanc huilé. Ils verront diftinc-tement des deux yeux, par devant & par derriere, qu'elle fait le même che-min que le Soleil dans le Ciel, qu'elle baiffe lorfqu'il s'élève, & qu'elle hauffe lorfqu'il s'abaiffe; que le chemin qu'elle parcourt dans une minute eft fenfi-ble, & d'autant plus que la Lunete fera longue.

7

UTILITE' DE LA PINULE SOLAIRE

Pour les Cadrans au Soleil & pour avoir une Ligne Meridiene trés exacte.

CEUX qui font des Cadrans au Soleil pourront y apliquer cette Pinule Solaire, qui montrera l'heure avec une précision beaucoup plus grande que l'ombre des Styles ordinaires, & en y joignant le Microscope Micrometrique, ils en feront de fort petits qui marqueront les minutes une à une.

Elle peut servir à tracer une ligne Meridiene avec plus d'exactitude que les manieres, dont Hevelius, un des plus celebres Astronômes de ce siecle, a donné la description dans son livre intitulé, *Machina Cœlestis.* J'ai trouvé plusieurs moyens d'avoir une ligne Meridiene d'une grande étenduë. La plus simple est fondée sur un Miroir plan, qui réflechit la lumiere justement à l'heure de midi sur une muraille à l'oposite, on peut faire la même chose sans sçavoir l'heure avec deux Miroirs plans mobiles en deux manieres & éloignez l'un de l'autre de plusieurs pieds, ce qui sera utile à ceux qui reglent les Horloges publiques, & aux personnes curieuses d'avoir des Montres justes. Le plus parfait consiste en deux Lunetes d'aproche, dont l'une est horizontale & l'autre se dirige au Soleil. Elles sont atachées sur un montant perpendiculaire qui tourne sur un pivot je n'en donnerai pas une plus ample description, ceux qui en seront curieux les devineront facilement.

Aplication de la Pinule Solaire & du Microscope Micrometrique aux Quarts de Cercle.

L'UTILITE' de cette Pinule Solaire sera beaucoup plus grande, si les Facteurs d'Instrumens de Matématiques l'apliquent aux Quarts de Cercle qu'ils feront pour l'usage des Pilotes. Ils pourront l'apliquer à tous ceux qui sont faits, je dirois même à l'Arbalête, mais cét instrument est si imparfait & si sujet à l'erreur, qu'il est indigne de cette aplication. J'ai été surpris que le P. de *Châles* ait tâché de le perfectionner. Il en parle dans son Art de naviger en ces termes. " Je m'arrête un peu à ces manieres d'observer, parce que n'espe- " rant pas d'obtenir qu'on se serve de quelqu'autre Instrument celui-cy étant en " usage, il faut que je le perfectionne autant qu'il se pourra, & dans un autre " endroit, " l'usage de l'Arbalête sans Pinules est si fautif, que le P. Fournier " assure, qu'en ayant fait faire l'experience, il a trouvé trés-souvent la faute de " près d'un degré ; c'est pourquoi je crois qu'on y doit ajoûter quelques Pinules.

Ce Sçavant Mathematicien auroit mieux fait de le rejetter & de l'abandonner entierement.

Lorsque j'ai fait réflexion pourquoi l'Arbalête avoit été si long-tems en usage, j'ai pensé que les Pilotes en observant la Latitude se soucient fort peu de l'erreur d'un degré : lors qu'ils se croient près de la terre , si c'est de nuit , ils abaissent ou diminuent les Voiles & font peu de chemin crainte de naufrage ; si c'est de jour , ils envoient à la Hune pour découvrir la terre , de cette maniere , un Instrument d'une grande exactitude leur parroît inutile. On pouroit les excuser de cette negligence, s'il ne s'agissoit que de connoître la Latitude , mais ils n'ignorent pas que leur estime est incertaine & ordinairement fautive, que par une tempête ils perdent la Tramontane, & qu'alors il leur est d'une extrême importance de connoître la Longitude aussi juste que la Latitude. Si cette Machine maritime des Eclipses réussit & que par son moyen les Pilotes puissent avoir la connoissance des Longitudes , ils seront obligez de quitter l'Arbalête, le Quartier Anglois & de se servir d'un Instrument avec lequel ils pourront prendre les hauteurs jusqu'à la précision d'une minute.

Les Ouvriers qui travaillent à la division des Quarts de Cercle, pourront apliquer la Pinule Solaire & le Microscope Micrometrique à toute sorte d'instrumens ; mais ils feront beaucoup mieux de choisir celui qui leur parroîtra le plus simple , le plus facile & le plus commode. Le P. de Châles dans le même Livre en donne plusieurs de son Invention. Celui qu'il décrit à la proposition 34e. sous ce titre. *Quelques usages du Quart de Cercle qui méritent qu'on en fasse l'essai en mer*, me semble le plus simple & le plus convenable. Je raporterai les paroles même. « Voici donc ce que je propose pour observer sans avoir besoin « de regarder l'horizon. placez deux Pinules immobiles sur le côté du Quart de « Cercle & au lieu d'un filet, mettez une Regle qui puisse rouler au tour du Centre , la chargeant de trois ou quatre livres de plomb par le bas pour empêcher « qu'elle ne balance, pourvû qu'elle ne roule pas trop gayement , mais seule-« ment autant qu'il est necessaire pour être tirée par le poids vers le centre de « la terre, elle ne sera pas agitée : de sorte que tenant la main assez proche pour « l'arrêter, on pourra observer fort précisément la hauteur.

Je ne donnerai point ici la figure de cét Instrument , parce qu'il est facile de la supléer & qu'on la peut voir dans ce Livre. Je supose un quart de cercle de dix huit pouces de rayon, exactement divisé en 90. degrez ou seulement un Sextant. Chaque degré sera divisé en quatre parties & chacune de ces parties en trois, par des points fort près les uns des autres , dont l'intervale fera cinq minutes. Les Ouvriers n'y mettront point de lignes transversales, parce qu'elles ne donnent qu'une précision aparente, une beauté inutile, ne font qu'augmenter le travail & encherir l'Ouvrage. Ils mettront sur l'ouverture de la regle , vis-à-vis le filet qui sera ôté , un petit Microscope de quatre ou cinq pouces de

long ,

long , qui groffira feulement huit ou dix fois , & à l'une des Pinules un Objectif de telle longueur qu'ils jugeront à propos , avec deux petits Miroirs de la maniere que je l'ai expliqué ci-deffus , ou fans Miroirs , fuivant la facilité & & la commodité qu'ils y trouveront.

Les Lunetiers leur fourniront des Objectifs & des Microfcopes, au foyer commun defquels il y aura un verre plan des deux cotez , fur lequel ils auront tiré avec un Diaman, cinq traits fort fins, Paralelles & également efpacez. Il n'eft pas neceffaire que les Objectifs foient excelens, de médiocres peuvent fuffire. Ceux qui feront mal centrez , ne produiront aucune erreur , pourvû qu'ils foient placez de côté , ou que la variation en foit connuë.

J'ai fait le modele d'un Quart de Cercle qui a deux Objectifs , l'un pour reprefenter l'image du Soleil , & l'autre celle de l'Horizon, qui fe réuniffent en un point & qui fe voïent des deux yeux ; mais n'en aïant pas fait affez d'experiences , je ne puis ni ne dois , en donner une defcription imparfaite.

L'aplication du Microfcope Micrometrique fera utile aux Obfervateurs qui n'ont pas le moïen d'acheter des Inftrumens de trois pieds de raïon , & aux Miffionaires de la Chine & des Païs Orientaux, qui ne peuvent fans incommodité , en emporter de femblables.

On a inventé dans l'Horlogerie , plufieurs Outils trés-ingenieux, pour l'exactitude & pour l'expedition du travail, en forte qu'un habile Horlogeur, peut faire en deux ou trois mois , ce que les premiers Horlogeurs n'auroient pû faire en un an , ce qui a rendu les Pendules & les Montres fort communes & d'un prix mediocre. Il en fera de même quelque jour des Inftrumens Aftronomiques & de ceux qui ferviront aux Pilotes. Les Ouvriers qui y travaillent chercheront des Outils pour l'expedition ; je voudrois qu'ils ne fiffent que des Quarts de Cercle de trois grandeurs , de neuf pouces, d'un pied & demi & de trois pieds ; qu'ils euffent huit Compas à pointes fixes pour chacun. Le premier pour la circonference qui fait le foixantiéme degré ; le fecond, pour le 30e. & le 90e. les autres pour le 15e. le 5e. pour un degré , un demi & un quart de degré , le dernier pour marquer cinq minutes toutes à la fois, avec cinq aiguilles fort fines & paffées par la même Filiere.

Il eft vrai que pour faire ces Compas à pointes fixes, dans une grande exactitude , l'Ouvrier y emploïera un tems confiderable, comme il arrive dans l'Imprimerie , à la Monnoïe, aux Graveurs en Taille-Douce, &c. où l'on eft long-tems à aranger les Lettres , à faire les Poinçons, & à graver les planches ; Mais lorfque ces ouvrages font achevez, on fait chaque jour un grand nombre d'Exemplaires, de Monnoïes, d'Eftampes, &c. lorfqu'un Facteur d'inftrumens Aftronomiques aura achevé fes Compas à pointes fixes, il pourra faire en peu de jours un Quart de Cercle parfaitement divifé & le vendre un prix mediocre ; ce qui rendra ces Inftrumens fort communs & engagera les Sçavans & les Curieux à étudier l'Aftronomie , à faire un grand nombre d'obfer-

B

vations & à porter cette divine science à son plus haut degré de perfection.

J'ai coutume de me faire les plus fortes objections dont je suis capable , & d'être à moi-même un Censeur plus severe que les autres. Je n'en ai trouvé aucune contre ces Inventions. Les Pilotes pourront seulement m'objecter que cét Instrument leur sera inutile, pour prendre les hauteurs des Etoiles , avec la même précision que celles du Soleil, parce qu'elles n'ont pas suffisamment de lumiere pour produire leurs images au foïer de l'Objectif. Copernic, Tycho & tous les anciens Astronômes qui étoient privez de Lunetes Pinulaires, avoient recours à la grandeur des Instrumens pour avoir de la précision ; il est vrai que ce n'étoit réellement qu'une demie précision , parce que leurs yeux n'étoient pas capables d'apercevoir, s'ils haussoient ou baissoient plus qu'il ne faloit , de quelques secondes. Les Pilotes seront reduits à la même necessité & n'auront qu'une demie précision du côté du Limbe, en prenant les hauteurs des Etoiles par dessus les Pinules ; c'est pourquoi ils se serviront tant qu'ils pourront des hauteurs du Soleil ; ils ne seront point ébloüis de sa trop grande lumiere , ni obligez d'observer son centre , son bord superieur ou inferieur, ni de soustraire ou ajoûter quinze minutes pour la grandeur de son disque.

Le jour qu'un Pilote se proposera d'observer l'Immersion ou l'Emersion de quelqu'un des Satellites de Jupiter , il prendra plusieurs hauteurs du Soleil devant & après midi, qui lui donneront l'heure précise , sur laquelle il mettra sa Pendule batant les secondes ou sur une à ressort Spirale qui les marquera. Au moment de l'Eclipse , il examinera la difference qui sera entre cette heure & celle du lieu pour lequel les tables de ces Eclipses ont été calculées , ce qui lui donnera la connoissance du degré de Longitude , suposé que ces tables soient justes & que ces Satellites n'aïent pas les irregularitez de nôtre Lune. Il aura égard à la refraction & à la parallaxe , autant que ses lumieres s'étendront ; quand il se tromperoit de quatre ou cinq minutes, l'erreur ne seroit que d'un degré sur la Longitude & la même que celle qu'ils ont de la Latitude , en se servant de l'Arbalête.

Il y a une infinité de belles choses cachées dans la majesté de la nature que les hommes ne connoîtront jamais, parce qu'ils ne les cherchent point. Peut-être que le secret des Longitudes est facile à trouver & que l'on admirera quelque jour qu'il ait été si long-tems inconnu. En attendant cette heureuse découverte, les Pilotes pourront observer les Eclipses des Satellites de Jupiter , quoique ce moïen soit defectueux & sujet à un grand inconvenient, sans lequel il seroit trés estimable. Les Pilotes peuvent connoître la Latitude à toutes les heures du jour & de la nuit, pourvû qu'ils voïent le Soleil ou une Etoile. Il n'en sera pas de même de la Longitude, ces Eclipses ne sont point en leur pouvoir, il faudra par necessité qu'ils en attendent le moment ; peut-être même qu'ils en perdront l'occasion par un gros tems, ou par les nuages qui cacheront cette planete ; le plus facheux est qu'elle ne parroît point , pendant sa conjonction au Soleil qui dure plus de six semaines. Ce défaut est sans remede & il n'y a pas d'aparence que les Eclipses des Satellites de Saturne y puissent supléer.

RAISONS DE L'AUTEUR.

Pour ne point publier la Machine Maritime des Eclipses.

QUOI qu'elle soit très-simple & d'un coût médiocre, je n'en ai point fait l'experience en grand ; il auroit falu pour cela me transporter dans un Port de mer: ma santé languissante depuis plusieurs années m'en auroit empêché, joint que je n'ai pas un assez gros revenu. Les grandes dépenses que m'a causé l'aplication que j'ai donnée à la recherche des Découvertes & des Inventions nouvelles ; les injustices que j'ai reçûës du public & des particuliers, des Grands & des petits, de mes proches & des étranges, ont alteré mon bien de Patrimoine & m'ont ôté celui que j'avois droit d'esperer, & qui m'apartenoit legitimement.

Ce seroit icy le lieu de donner la description & la figure de cette Machine, d'expliquer ses usages, & les utilitez qu'elle aura dans la Navigation qui n'ont aucun raport aux Eclipses; mais est-il juste que je donne continuellement gratis au public des Inventions qui m'ont coûté beaucoup de peines, de veilles & de dépenses ? Il y a plus de quarante ans que je travaille pour le public & le public n'a pas travaillé un jour pour moi. *Quid mihi inde gratiæ, si Inventum Istud, cujus experimenta magno meo sumptu feci, cuivis gratis communicarem,* dit le sçavant Otto de Guerik dans son livre intitulé, *Experimenta Nova Magdeburgica.*

La Pendule portative, dont le mouvement est reglé par les Vibrations d'un ressort, a enrichi tous les Horlogeurs de la France & des Païs étrangers, elle est en usage sur terre & sur mer, neanmoins je n'en ai tiré aucun profit. Cette Invention m'engagea dans un procez qui n'a point été jugé, quoique j'en aie poursuivi le jugement avec toute l'ardeur possible. Mr. de Harlai alors Procureur General & depuis premier Président, refusa de donner ses Conclusions à mon Procureur. J'allai moi-même l'en solliciter, il ne me dit que ces mots. *Laissez joüir le public de cette belle Invention.* Je pris la liberté de lui dire que c'étoit une injustice & une espece de vol ; que le public & les artisans ne devoient point profiter du travail des Inventeurs ; que sur ce principe les Arts ne seroient jamais perfectionez & que c'étoit le vrai moïen d'empêcher les Sçavans & les Curieux de travailler à leur perfection ; que lui, qui prenoit le parti des Anciens contre les Modernes, ne suivoit pas en cela le sentiment de ces grands Hommes qui avoient toûjours recompensé les Inventeurs ; il me repondit avec ses expressions laconiques ordinaires, C'EST AU ROY, A VOUS RECOMPENSER. Ce Magistrat qui a passé pour le Caton de son siecle, & qui a eu la reputation d'être un Juge integre & parfaitement équitable, l'étoit-il en cette occasion ? est-ce assez de dire ? *C'est au Roy à vous récompenser.* Ne devoit-il pas ajoûter ? presentez vôtre Placet, je l'apuierai & j'en parlerai à *Sa Majesté.* Cette réponse auroit été d'un grand homme, qui s'interesse pour la perfection des Arts & le bien public. Que de gens se croïent équitables, qui ne le sont point !

Les Horlogeurs assurent que, si le privilege de ces Pendules & de ces Montres, qui avoit été accordé pour vingt-ans, eût eu lieu, il auroit produit trois ou quatre mille livres par an ; tout le monde convient que cette Invention merite une récompense; que c'est au Roy à la donner, & que le profit de ce privilege m'apartenoit avec justice.

J'ai travaillé pour le Roy personnellement. Je fis proposer à Sa Majesté par Monsieur le Duc de Boüillon en 1696. l'Avis de faire des Loteries de Rentes Viageres , avec une nouvelle maniere abregée de les tirer. Cét Avis qui fût agréable au Roy , a été mis quelque tems après en usage , & a produit à Sa Majesté plusieurs millions. Le Neveu de l'Inventeur de la Tontine, a eu pour l'Avis qu'il en a donné, une pension de mil Ecus. Tout ce qu'il y a d'honnêtes gens sont persuadez que mon Avis en méritoit une semblable. Cependant je ne l'ai point euë; cela est il juste ?

Les reflexions que je fis en 1694. sur ce que le Roy avoit suspendu & diferé pour quelque tems, le païement des gages , des pensions , des apointemens, &c. que Sa Majesté devoit à ses Officiers, à de grands Seigneurs & à plusieurs particuliers , me donnerent lieu de penser , que le Roy pouvoit faire circuler ses billets & les faire valoir dans le commerce , de la même maniere que les riches Negotians & tous les Marchands le pratiquent entr'eux , dont on voit les Lettres de change rouler continuellement & passer pour argent comptant, à Paris & dans les Provinces. Je composai sur ce sujet un Ecrit en forme de Lettre que je fis imprimer , afin de le communiquer aux personnes intelligentes en ces matieres & pour en sçavoir leur sentiment. Monsieur le Duc de Boüillon le fit voir aux Ministres , & j'en distribuai quelques exemplaires à la Cour & dans Paris; cette Idée fut mise en usage quelques années après, sous le nom de Billets de la Monnoye, qui ont produit au Roy le grand nombre de Millions dont tout le monde a connoissance, cependant je n'en ai reçû aucune gratification. J'ai presenté au Roy & à quelques Ministres des Placets, qui n'ont rien produit, parce que je n'ai point eu un veritable Mécénas, & que ceux qui se disoient mes Patrons , ne l'étoient qu'en aparence.

J'ai fait imprimer de tems en tems plusieurs petits ouvrages, contenant des Découvertes & des Inventions utiles au public ; j'en ai dedié le Recuëil &

j'ai eu l'honneur de le préfenter moi-même au Roy, qui m'honora de ces pa-roles, *J'ai oüi dire que vous êtiez fort Sçavant.* De Grands Seigneurs & des perfonnes de Qualité s'en étoient entretenus en préfence de Sa Majefté, & ils m'ont voulu perfuader que cela me vaudroit un Benefice ou une penfion confiderable, cependant je n'en ai point eu !

Après cela fuis-je reprehenfible & peut-on me blâmer avec raifon, fi j'ai refolu de ne plus rien donner au public & de laiffer perir les Inventions que je n'ai point encore publiées, parmi lefquelles il y en a affurement quelques-unes qui mériteroient d'être connuës de la pofterité, qui les eftimeroit & me rendroit juftice; mais puifque mon fiecle ne me là pas renduë, je ferai difcul-pé auprès d'elle & auprès des honnêtes gens de ne les avoir point publiées.

Plufieurs perfonnes de merite, d'efprit & de bon jugement, ont tâché de me detourner de cette refolution, & m'ont dit & écrit plufieurs raifons, pour me prouver que j'avois tort. Monfieur l'Abbé Bignon m'en parle de cette maniere, dans une Lettre qu'il m'a fait l'honneur de m'écrire.

« Je vous felicite donc de ce qu'outre ce travail que vous aviez entrepris «pour l'Etat, vous n'avez point negligé l'étude des Sciences, mais permettez-« moi de vous dire, que perfonne ne vous pardonnera le deffein que vous «avez de fupprimer vos nouvelles Découvertes. Un homme de Lettres ne «doit jamais écouter l'interêt au préjudice de fa gloire legitime & de l'utilité «publique, & il n'eft pas permis d'enterrer avec foi, des chofes qui pourroient «fervir à toute la Société. Nous fommes ici bas pour les autres comme pour «nous, & ce feroit agir contre les vûës de la Providence, que d'envier aux «autres par chagrin, ce que nous avons acquis par les talens qui nous ont été «confiez; mais comme ces fortes de reflexions vous font fans doute auffi fa-« milieres qu'à moi, je me contenterai de vous affurer qu'on ne fçauroit être «plus que je fuis, Monfieur, Vôtre trés-humble & trés-obéïffant ferviteur, «L'ABBE' BIGNON, à Fontainebleau le 6. Aouft 1711.

Je conviens de la verité de ces reflexions, nous fommes ici-bas pour les autres, mais les autres y font auffi pour nous; & c'eft agir contre les vûës de la Providence, de ne pas donner, ou procurer à ceux qui peuvent faire du bien aux autres, les fecours qui leur font neceffaires pour cét éfet.

Feu Monfieur Bonnet Bourdelot, premier Medecin de Madame la Du-cheffe de Bourgogne, m'a écrit fur le même fujet une Lettre beaucoup plus forte & à laquelle il ne croïoit aucune replique, elle eft dattée de Verfailles le 26. Juillet 1702.

« La feule chofe qui me fait de la peine, eft de vous voir toûjours dans la «refolution de ne point donner au public ce moïen de perfectionner l'Oüie. «s'il n'y a que la raifon d'Otto de Guerik qui vous en empêche, je ne de-«fefpere pas de vous perfuader. Que me reviendra-t-il, dites-vous avec ce Phi-«lofophe, fi je communique gratuitement à tout le monde une Invention qui

« m'a beaucoup coûté. Il vous en arrivera, fans compter tout le refte, de ref-
« fembler à Dieu, n'y aïant rien, felon Ciceron, qui en aproche davantage
« que de faire du bien aux hommes. C'eft pour cela que l'antiquité a confacré
« tous les Inventeurs des Arts. Songez que tant qu'il y aura des hommes qui
« auront peine à entendre les autres, on bénira vôtre Nom. Si vous comptez
« cette gloire pour rien, qui peut même être accompagnée de beaucoup de
« profit, vous êtes pis qu'un Iroquois & un Ottentot. Je finis cét article par
« cette feule queftion que je veux vous faire & vous demander, ce qu'il vous
« reviendra fi vous la laiffez perir avec vous. Voulez-vous le fçavoir, beaucoup
« de maledictions ; il avoit bien à faire, diront tous les Sourds, de faire pu-
« blier par toute l'Europe, qu'il avoit un moïen de nous faire entendre, pour
« nous dire en même-tems qu'il ne nous le donneroit jamais. C'eft comme un
« homme qui viendroit dire à une armée qui moureroit de foif, je fçai où il y
« a une belle fontaine, mais je ne vous le dirai point ; comment penfez-vous
« qu'on le traiteroit ? Si ces raifons ne vous convertiffent point, je defefpere
« de vôtre falut, je parle au pied de la Lettre & felon l'Ecriture, qui dit pré-
« cifement, que celui là fera fauvé, qui aïant pû faire mal, ne l'a pas fait &
« qui a fait tout le bien qu'il a pû.

« J'aprouve fort ce que vous propofez, d'établir une compagnie des nou-
« velles Découvertes, pour rendre les Inventions des Mécaniques lucratives aux
« Inventeurs & empêcher qu'elles ne periffent, comme il eft fi fouvent arrivé
« & même de nôtre fiecle, enforte qu'on pourroit faire un gros livre qui au-
« roit pour titre, *Nova Deperdita*, fi l'on vouloit ramaffer tous les faits fem-
« blables à celui de ce maudit Artifan qui brûla fa Machine, de peur que ceux
« de fon métier n'en profitaffent.

Je fis réponfe à Monfieur Bourdelot, que le moïen que j'avois penfé, n'é-
toit pas pour faire entendre les Sourds, mais ceux qui entendent bien, de la
même maniere, que les Lunetes d'aproche ne fervent point à faire voir les
Aveugles, mais ceux qui ont la vûë excelente ; que c'étoit une experience, qui
donneroit des ouvertures aux Sçavans, pour perfectioner le fens de l'Oüie,
comme les Lunetes à mettre fur le nez, ont été le commencement de la vi-
fion parfaite ; que je ne refufois point de la publier, mais que je ne le pouvois,
avant que d'avoir fait un grand nombre d'Effais & d'Experiences, qui en
étoient la fuite ; & que j'avois befoin pour cela d'une Penfion du Roy ; qu'il
pouvoit facilement dans le pofte où il étoit, me la procurer & en faire par-
ler à Sa Majefté ; que s'il ne le vouloit pas, je defefperois de fon falut ; que
je parlois au pied de la Lettre & felon l'Ecriture, puis qu'il n'auroit pas fait
le bien qu'il pouvoit faire ; qu'il ne tâcheroit pas de reffembler à Dieu, en faifant du bien à tous les hommes, ou par lui-même, ou par l'entremife des
autres ; que toutes les maledictions tomberoient fur lui & fur fes femblables ;
tels que ceux qui pouvoient procurer une recompenfe à ce pauvre Artifan,

15

:quel brûla fa Machine, non point par envie, & pour empêcher qu'elle ne :t utile au public , & à ceux de fon métier; mais par la crainte de n'en is profiter ni recouvrer feulement les frais qu'elle lui avoit caufé.

Je lui marquois encore, que cet homme qui auroit travaillé 50. ans & fait e trés-grandes depenfes, pour trouver cette belle Fontaine, ne feroit point lâmable de demander un dédommagement & une mediocre recompenfe , our en aprendre le lieu, & d'en faire refus fans cette condition ; que fi les nciens avoient confacré les Inventeurs des Arts, il n'en étoit pas de même ujourd'hui, où ils étoient fort peu confiderez; qu'il devoit prêcher aux Sou-erains, à leurs Miniftres & à tous les hommes, de cultiver les Genies inven-ifs, de leur donnei les fecours neceffaires, de les proteger, de prendre leur arti contre les Envieux & les Jaloux; que s'il réuffiffoit, les Arts & les Sçin-ces fe perfectionneroient en peu de tems & que l'on ne verroit jamais le livre, *Nova Deperdita.*

PERFECTION DE LA BOUSSOLE.

Comme la Bouffole eft un Inftrument de mer plus utile que l'Arbalête & les Quarts de Cercle , j'ai cherché le moïen de la perfectioner. Il 'eft pas furprenant que les Pilotes s'égarent fi fouvent , & qu'ils ne prénent as exactement le Rumb du lieu où ils veulent aller, la Rofe de leur Bouffole 'aïant que fix ou huit pouces de diametre; s'ils s'en écartent d'un demi de-gré, qui eft prefque imperceptible, l'erreur va toûjours en augmentant, & près plufieurs jours de navigation , le Vaiffeau fe trouve fort éloigné de fa oute. Si la Bouffole avoit huit ou dix pieds de diametre , les Pilotes pour-oient pointer leur Vaiffeau avec précifion, mais fans cela, il eft moralement mpoffible qu'ils puiffent diriger leur Navire & lui faire tenir exactement la Ligne droite du chemin qu'ils fe propofent de tenir. Ils prenent tantôt plus aut ou tantôt plus bas; quelques-uns rencontrent quelquefois jufte, mais ra-ement & plûtôt par hazard que par fcience.

N'étant pas poffible de faire une Bouffole de huit ou dix pieds de dia-metre , j'ai penfé que l'on pourroit y fupléer par l'aplication du Microfcope Micrometrique , en atachant fixement à la boëte de la Bouffole un tuïau, dans equel on feroit entrer un Microfcope, dont l'Objectif feroit vis-à-vis le cer-cle de la Rofe , que quelques-uns font de cuivre divifé en 360. Supofé qu'il groffiffe quinze ou vingt.fois , lorfque le Pilote regardera dedans, il verra chaque divifion autant de fois plus grande, ce qui lui donnera lieu de diriger fon Vaiffeau avec la même exactitude que fi la Bouffole avoit huit ou dix pieds de diametre. Afin que le Microfcope ne foit point fujet à l'agitation du Navire, on fufpendra la boëte, où il eft ataché, de la même maniere que celle qui porte le pivot de la Rofe, laquelle demeurera dans fa ligne magnetique, quoique le Microſcope tourne avec le Vaiſſeau ; je ſupoſe qu'elle aïe une grande vivacité, car ſi elle étoit defeĉtueuſe, le Microſcope deviendroit inutile, & il en feroit ſeulement apercevoir le défaut.

Il y a plus de trente ans que je mis une aiguille aimantée dans une Lunete, au foïer commun des verres, croiant qu'elle me donneroit une grande préciſion, mais je n'y' reconnus que celle que j'aurois euë en la regardant avec une Loupe. Je me ſuis aviſé depuis ce tems-là, d'atacher au bout d'une aiguille aimantée, un Objeĉtif fort mince & à ſon autre extremité un Oculaire convexe ; je reconnus qu'elle me donnoit une grande préciſion, mais elle n'avoit pas l'exaĉte vivacité que je ſouhaitois, s'arrêtant tantôt dans un endroit, tantôt dans un autre. Je mis trois aiguilles à côté l'une de l'autre, atachées avec du fil de Leton & enſuite cinq & même ſept. J'en diſpoſai auſſi pluſieurs les unes ſur les autres qui tournoient ſur le même pivot & je fis un grand nombre d'experiences, pour tâcher de donner aux Bouſſoles cette exaĉte vivacité, abſolument neceſſaire à la navigation.

MOYEN

D'obſerver exaĉt.ment la Déclinaiſon & la variation de la Bouſſole.

LEs Pilotes n'ont point un principe aſſuré de la navigation, par le défaut de l'Aiman & des aiguilles aimantées, qui déclinent de la ligne meridiene & qui varient differemment, en differens endroits. On ne peut remedier à cét inconvenient. Tout ce que les Pilotes peuvent faire, eſt d'obſerver ſouvent la variation de leur Bouſſole, ils ont pour cet effet un compas de variation, mais il eſt ſi petit qu'il ne peut avoir d'exaĉtitude, elle ſera plus grande, en y ajoûtant une Pinule Solaire & un Microſcope Micrometrique.

Le P. de Châles, dans ſon Art de Naviger, dit que « quelques-uns font « deux petites fenêtres au compas de variation qu'ils ferment de deux ver- « res bien clairs, mettant à l'un une Pinule fenduë, & à l'autre un petit « filet tendu de haut en bas ; ils ajoûtent même un petit filet tendu au deſ- « ſous du grand verre, qui reponde au centre de la Bouſſole. Quelques-uns « au lieu de ces fenêtres, ne font qu'élever deux Pinules, opoſées diametra- « lement l'une à l'autre, vis-à-vis d'une marque noire, qui eſt à un des côtez « de la Bouſſole. D'autres ajoûtent un cercle d'Airain, diviſé en trois-cens « ſoixante degrez, qui a un diametre, & un centre, auquel on peut mettre « un Style.

Tous ces Inſtrumens quoique fort petits auront une grande exaĉtitude en y ajoûtant une Pinule Solaire, c'eſt-à-dire un Objeĉtif, ſur l'une des Pinules, & ſur l'autre un papier blanc avec deux ou trois cercles concentriques. En l'expoſant au Soleil levant ou couchant, ſon image paroîtra trés-diſtinctement. La préciſion conſiſte, en ce que les deux Pinules peuvent être éloignées l'une de l'autre de trois ou quatre pieds, & si on y aplique la Lunete racourcie & le Microscope Micrometrique, les Pilotes observeront la Déclinaison & la Variation, avec une exactitude aussi grande, que si leur Compas avoit huit ou dix pieds de diametre.

L'Histoire nous aprend que les Anciens ont été puissans sur mer, & qu'ils ont fait de grandes & longues navigations, sans le secours de la Boussole, dont ils n'avoient aucune connoissance. Quelques-uns convaincus de la necessité de cét Instrument pour naviger, ont mieux aimé revoquer en doute les voïages de long cours des Anciens, & dire qu'ils n'ont fait que côtoïer l'Occean & naviger dans les petites mers. Lors que j'ai réfléchi sur ce sujet, j'ai pensé qu'ils avoient quelque chose d'analogue à la Boussole & qui leur en tenoit lieu. J'ai imaginé un Cadran Universel apuié sur un pivot, qui étant mis dans un Navire, demeure toûjours dans la premiere situation où on l'a mis, quoique le Vaisseau tourne à droit ou à gauche & qu'il aille en avant ou en arriere, les Anciens pouvoient en avoir un semblable & s'il étoit sujet à quelque legere erreur, ils la rectifioient tous les jours par le moïen du Soleil & des Etoiles, ce qui produisoit à peu prés l'effet de la Boussole. J'ai même beaucoup de penchant à croire que les Anciens avoient le secret des Longitudes, & que les hommes qui n'agissent que machinalement presqu'en toutes leurs actions, ont laissé perdre ce secret, comme certainement ils ont laissé perir plusieurs belles & utiles Inventions, au grand domage de la Posterité.

GIROUETTE MARITIME.

Pour apercevoir les Courants.

DU grand nombre d'inconveniens dont la Navigation est remplie, les Courants ne sont pas un des moindres, parce qu'ils derivent les Vaisseaux, les font aller plus vite, lors qu'ils paroissent faire peu de chemin, ou les reculent, lors qu'en aparence, ils vont leur train ordinaire, & leur font prendre une route fort differente de celle que les Pilotes croïent tenir, ce qui rend leur estime fausse & cause assez souvent des naufrages

Les Autheurs qui ont écrit de la navigation, ont tâché de remedier à ce desordre, en donnant une liste des Courants, qui ont été reconnus par plusieurs experiences. Ce remede est à mon sens, un mediocre soulagement pour les Pilotes, il leur seroit beaucoup plus avantageux d'avoir un moïen de connoître & d'apercevoir dans tous les lieux où ils se trouvent, s'il y a des Courants, de quel côté les eaux sont portées & avec quel degré de vitesse. J'ai proposé dans mon Ecrit de la Machine Loxodromique, imprimé en 1701. la fabrique d'un moulinet fort simple, dont les ailes sont semblables à celles des Moulins à vent, pour connoître les Courans & pour en mesurer la vitesse,

& j'ai dit qu'il étoit facile de le faire si petit, qu'il ne s'oposeroit que trés peu au mouvement du Navire. Quoiqu'il soit d'une trés-grande consequence d'arriver promptement au Port, je ne puis aprouver la maniere de ces Pilotes, qui aiment mieux ne sçavoir pas si exactement le chemin que fait leur Vaisseau, que d'en retarder tant soit peu le mouvement. C'est une erreur, un habile Pilote doit sçavoir avec exactitude, le chemin que fait son Navire dans un tems donné. On peut dire que cette ignorance est la source de leur fausse estime, pourquoi les plus habiles d'entr'eux se trompent si souvent, & qu'ils se croïent prés du port, lors qu'ils en sont fort éloignez ; pourquoi de deux Pilotes qui sont dans un même Bord, celui qui est à la Proüe, croit faire plus de chemin, que celui qui est en Poupe.

Les Vents sont les Courants de l'air. On a inventé la Giroüete pour sçavoir de quel côté ils viennent. Les Curieux ont des Cadrans aux vents dans leurs Jardins & même dans leurs Chambres atachez au plancher ou à la cheminée, sur lesquels les noms des principaux Vents sont peints & une aiguille marque celui qu'il fait. Les Pilotes peuvent se servir du même principe, pour connoître les Courants de la Mer. J'ai trouvé plusieurs manieres d'en faire l'aplication ; la plus simple consiste dans une cage de bois ouverte de tous côtez, au milieu de laquelle est une Giroüete, sur ses quatre montans, sont des anneaux de fer, pour la suspendre à quatre cordes & au traversant de dessous est un autre anneau, pour y atacher le plomb d'une Sonde.

Lorsque le Pilote voudra sçavoir, s'il y a un Courant dans le lieu où il est ; il fera jetter cette cage dans la mer, si la Giroüette revient toûjours tournée de la même maniere, c'est une marque qu'il y a un Courant & la Boussole fera connoître de quel côté il vient. On pourroît aussi faire une cage de cinq ou six pieds de long & atacher la Giroüette au bout d'embas d'une verge de fer de dix ou douze pieds, tournant sur un pivot, qui à son extremité aura une aiguille paralelle à l'horizon, avec une fleur de Lys, laquelle étant au dessus de l'eau, montrera de quel côté la Giroüette est tournée. Si on y atache de petites Balizes, ou quelqu'autre corps leger, cette cage se soutiendra perpendiculairement sur l'eau, & deux ou trois minutes suffiront pour faire apercevoir le Courant. Une corde qui defilera, servira à la retirer. Des Autheurs ont écrit, qu'un Pilote après plusieurs jours de navigation fort heureuse en aparence & aïant le vent en poupe, se trouva reculé au lieu d'avoir avancé. S'il se fut servi d'une de ces Giroüettes, il auroit reconnu dés les premiers jours le Courant & s'en seroit retiré.

Pour sçavoir la vitesse des Courants, on apliquera à la Giroüette un Moulinet, qui aura des Roüës, des Cadrans & des Aiguilles, dont le nombre & la proportion sont connuës des Horlogeurs, lesquels en fourniront aux Pilotes.

NOUVEAU SYSTEME,

Pour expliquer le Flus & Reflus de la Mer.

PUisque les Sçavans travaillent pour les Pilotes, les Pilotes devroient travailler pour les Sçavans, en faisant un grand nombre d'experiences sur les Courants & sur le Flus & Reflus de la Mer, dont les Philosophes, depuis sept mil ans, n'ont point encore decouvert la veritable cause; ce qui prouve evidemment que Mr. de Fontenelle a raison de dire, que tout va lentement parmi nous. Plusieurs ont donné des explications de ce Phenomêne, mais aucune ne satisfait, pas même celles du grand Descartes & du celebre Galilée. C'est la faute des Pilotes du tems passé; c'est la faute des Souverains, qui ne leur ont pas fourni les moïens de faire des observations exactes sur ce prodigieux éfet de la nature. Ceux qui en ont écrit se contrarient, les uns font élever l'eau de la mer, & les autres l'abaissent dans le même tems & dans les mêmes endroits. Quelque habile & profond que puisse être un Philosophe, s'il n'a des faits constans il ne peut rien statuer de solide; si les faits qu'on lui donne sont faux, son Systême, ses opinions & toutes ses consequences seront fausses.

Le R. P. Jacques Alexandre, sçavant Benedictin d'Orleans, a fait un Traité, pour prouver que le Flus & Reflus de la mer est produit par le mouvement de la terre autour de la Lune en 29. jours & demi. Le lecture de son manuscrit m'a donné occasion de penser un nouveau Systême, qui me paroît plus simple & plus conforme à la nature. Je donne à la terre un troisiéme mouvement, auquel les Sçavans n'ont point encore pensé. Je lui fais décrire autour du Soleil en un an, une Ligne Spirale que j'apelle Elliptique, pour la distinguer de l'Helice & de la Circulaire qui se termine à un Centre. Pendant que la terre fait un tour chaque jour, je lui fais faire deux Volutes Spirales ou quatre demi Cercles en 24. heures 48. minutes, deux grands en haut & deux moindres en bas alternativement, chacun en six heures 12. minutes, ce qui lui donne deux-fois par jour un mouvement de reciprocation, lequel paroît direct, Stationaire & retrograde & imite en quelque maniere celui d'un Pendule; qu'elle va & revient, qu'elle avance & retourne en ariere. L'Eau de la mer recevant cette impression alternative, produit deux Flus & deux Reflus en 24. heures 48. minutes, qu'il est impossible de concevoir par le seul mouvement de la terre sur son Centre.

Il n'est pas assez fort pour produire un Flus considerable, joint que les eaux étant continuellement poussées d'un même côté, il n'y auroit point de Reflus. Si on imagine la terre toute couverte d'eau, & qu'elle tourne sur son centre d'Occident en Orient, un Navire qui floteroit dessus, seroit toûjours poussé d'Orient en Occident & jamais au contraire, quelque vitesse que l'on donne à la terre. Afin qu'il y ait un Flus & un Reflus, elle doit avoir un mouvement violent, local & progreſſif de toute ſa maſſe, en avant & en arriere, & qu'elle reviene, pour ainſi dire ſur ſes pas; ces deux choſes ſe rencontrent dans le mouvement de la terre en ligne Spirale. De même qu'une petite force eſt capable d'entretenir les Vibrations, d'un Pendule trés-peſant, & l'agitation des plus groſſes Cloches, lors qu'elles ont été miſes en branle, ce mouvement en ligne Spirale, n'exige qu'une force mediocre, pour continuer celui de la terre & des autres Planetes, auxquelles on en peut attribuer un ſemblable avec beaucoup de vrai-ſemblance.

Il faudroit un long diſcours & des Figures, pour expliquer les circonſtances particulieres qui arrivent aux Marées & le raport qu'elles ont avec la Lune, qui n'y a directement aucune part. La convenance qu'elles ont enſemble, provient de ce que cette Planette paſſe d'un Midi à l'autre Midi, dans le tems préciſe-ment que la terre fait deux circonvolutions de ſa ligne Spirale, ce qui fait que la Lune, la Terre & les Marées ſe rencontrent toûjours enſemble à la même heure. Si ce Syſtême a l'aprobation des Sçavans, j'en donnerai une ample expli-cation, & je repondrai aux objections qui me ſeront faites. Pourvû qu'il ne ſoit pas contraire aux obſervations des Aſtronômes & des Pilotes, on pou-ra croire qu'il eſt conforme à la nature.

Toutes les Inventions que j'ai raportées cy - deſſus ſont à la portée des Pilotes, trés - faciles, ne demandent qu'un peu d'adreſſe & n'exi-gent point qu'ils ſachent la Geometrie, les Triangles Spheriques & l'Alge-bre, dont pluſieurs n'ont aucune connoiſſance. Elles donneront occaſion aux Sçavans & aux Curieux d'en inventer d'autres plus parfaites & de porter ce grand Art de naviger au plus haut degré de perfection où il puiſſe parvenir. Quoiqu'il ait été beaucoup perfectionné depuis deux ſiecles, on peut dire qu'il ſort de l'enfance & que les Pilotes vont encore ſur mer en aveugles & au ha-zard. Si les Souverains en font faire des Eſſais & des Experiences & s'ils recompenſent ceux qui les perfectioneront, il y a lieu d'eſperer qu'a-vant la fin du ſiecle prochain, la Navigation ſera fort aprochante de ſa perfec-tion & que les Pilotes iront ſur mer, avec preſque autant d'aſſurance que les Voituriers vont ſur terre.

Quod ut fiat, faxit Deus, Optimus, Ma-ximus, ad ejus Gloriam. Populo-rum utilitatem & Chriſtianæ Religionis augmentum.